LES COULEURS FRAÎCHES CAPTURENT

Le seul point commun des meubles de cette pièce est une certaine pureté des contours qui s'accorde très bien à l'élégance discrète des motifs proposés par ce livre. Choisissez des meubles aux pieds fins et droits et présentant le moins possible de moulures. Beaucoup de mobilier en bois sombre ou de placage, de peu de valeur, ont cependant une qualité certaine que notre décoration toute simple mettra brillamment en valeur. Remarquez comment les couleurs des rubans et des nœuds s'harmonisent parfaitement avec l'atmosphère paisible de la pièce. Peints eux aussi en bleu et blanc crème, les murs font s'opposer le bleu pâle sous la plinthe médiane aux larges bandes bleu et crème du dessus. Utilisez du ruban à masquer pour protéger les lignes droites dont

L'AIR DU TEMPS

dépend tout l'effet d'élégance, quand vous passez l'émulsion de peinture. L'unité des couleurs choisies et la simplicité des motifs créent une atmosphère de pièce spacieuse et très stylée que chacun peut apprécier et reproduire, car le style Gustave III est l'un des moins prétentieux qui soit. Une maison de style scandinave accueillera sans problème ces meubles peints placés contre des panneaux nus de pin brut, avec peu d'objets de décoration, comme ici, des rideaux de mousseline tout simples aux fenêtres et un tissu à carreaux rustique pour les coussins et les chaises.

PEINDRE AVEC UN PATRON

Avec les motifs détachables à reproduire et avec les photos pour vous inspirer, c'est un jeu d'enfant pour un débutant, d'apprendre à disposer un assortiment de motifs, allant de la plus simple des frises en grappes, à la légère rosette rococo. Vous serez bientôt à même de réaliser une décoration aussi équilibrée que celle de la chaise montrée en page de droite.

Quelques recommandations importantes :

- La vivacité et la délicatesse des motifs peints montrés ici proviennent de l'utilisation de la gouache d'artiste, diluée avec de la gomme arabique, matériel disponible en magasin de fournitures d'arts plastiques.
- La gouache est une forme concentrée d'aquarelle éclatante, présentée en tubes, très prisée des dessinateurs et des créateurs graphiques en raison de sa manipulation beaucoup plus aisée que celle des plateaux ou des blocs d'aquarelles classiques, vendus en petits assortiments, que chacun a utilisé dans son enfance.
- La gomme arabique rend la peinture plus facile à utiliser, en donnant plus de douceur à votre coup de pinceau.
- Des pinceaux souples pour aquarelle, fins et moyens, sont indispensables pour un résultat soigné. Il n'est pas nécessaire d'acheter des pinceaux chers en martre, les soies synthétiques ou mélangées conviennent très bien.

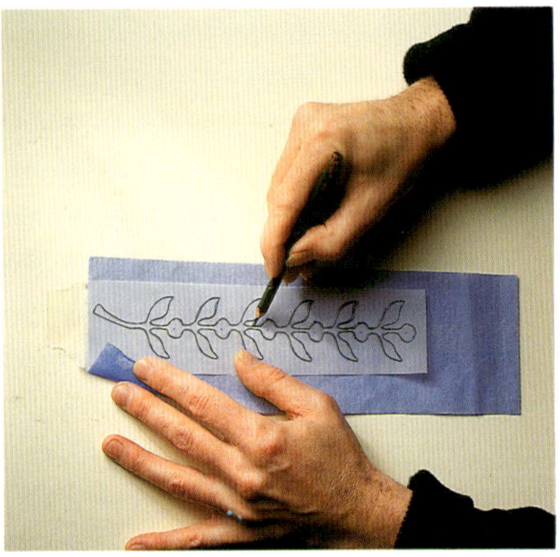

1 LE MOTIF TOUT SIMPLE FAISANT ALTERNER LA FEUILLE ET LE FRUIT EST SOUVENT APPLIQUÉ TOUT AUTOUR DU COL D'UN VASE. IL EST D'ABORD TRACÉ À L'AIDE D'UN CRAYON À PAPIER BIEN TAILLÉ SUR LE PAPIER CARBONE BLEU DÉCOUPÉ À LA DIMENSION VOULUE.

2 LORSQU'ON ENLÈVE LE CARBONE, LA SIMPLICITÉ DE LA TECHNIQUE DE DÉCORATION PROPOSÉE ICI DEVIENT ALORS ÉVIDENTE.

3 A L'AIDE D'UN PINCEAU MOYEN FIN IMBIBÉ DE COULEUR A, PEIGNEZ LES FORMES DE BASE. UTILISEZ LE PINCEAU DE MANIÈRE À CRÉER UN EFFET DE PROFONDEUR EN APPUYANT PLUS FORT SUR LES ENDROITS LES PLUS LARGES DES FEUILLES. VOUS DEVREZ PEUT-ÊTRE D'ABORD VOUS ENTRAINER SUR UN AUTRE MORCEAU DE PAPIER.

5 AVEC LA COULEUR B (ET EN DILUANT FORTEMENT LA GOUACHE DANS LA GOMME ARABIQUE), AJOUTEZ DES TOUCHES PLUS SOMBRES À LA BASE DES FEUILLES ET SUR UN DES CÔTÉS DES BAIES.

6 APPLIQUEZ ENSUITE LA COULEUR C, COMME INDIQUÉ SUR L'ILLUSTRATION POUR SOULIGNER LES CÔTÉS OPPOSÉS DES FEUILLES ET DES BAIES.

7 AVEC LA COULEUR B, LES FORMES SOMBRES SONT SOULIGNÉES ET MISES EN VALEUR DE MANIÈRE À CRÉER UN EFFET DE RELIEF. POUR TERMINER, UTILISEZ LA COULEUR C POUR REHAUSSER LES DÉTAILS DU MOTIF.

MATÉRIEL NÉCESSAIRE :

CRAYON À MINE DE PLOMB DURE BIEN TAILLÉ, PAIRE DE CISEAUX, RUBAN À MASQUER, VIEILLE ASSIETTE SERVANT DE PALETTE, BOCAL D'EAU, PAPIER ESSUIE-TOUT OU TORCHONS, RÈGLE OU UN CENTIMÈTRE POUR POSITIONNER LES MOTIFS, VERNIS EN BOMBE AÉROSOL.

TUBES DE GOUACHE : BLEU OUTREMER, VERT PROFOND, TERRE DE SIENNE, OCRE ROUGE ET BLANC CRÈME.

PETITE BOUTEILLE DE GOMME ARABIQUE POUR DILUER LA GOUACHE.

PINCEAUX POUR AQUARELLE, FINS ET MOYENS.

A noter : L'aquarelle, transparente, est plus fragile que l'émulsion, et a besoin d'être fixée *avant* de procéder à toute autre opération (vernissage, polissage...). Toutes les décorations montrées dans ce livre ont été fixées par une brève pulvérisation de vernis en bombe aérosol, disponible dans les magasins de fournitures d'arts plastiques.

4 UTILISEZ ENSUITE LE MÊME PINCEAU POUR TRACER UNE DES BAIES RONDES QUI SE TROUVENT ENTRE LES FEUILLES, RENFORÇANT AINSI L'EFFET VISUEL CRÉÉ PAR LA TIGE.

LE MOTIF TERMINÉ MONTRE COMMENT UN COUP DE PINCEAU ASTUCIEUX ET UNE BONNE MAITRISE DU CHOIX DES COULEURS DE LA PLUS CLAIRE À LA PLUS FONCÉE PEUVENT DONNER UNE DÉCORATION CHARMANTE À PARTIR DES MOTIFS LES PLUS SIMPLES.

RECETTE DES COULEURS :
A BLEU OUTREMER ET VERT PROFOND
B PLUS DE BLEU OUTREMER QU'EN A
C A AVEC DU BLANC CRÈME

Cette rosette de rubans, au tracé désinvolte, aux extrémités flottantes gracieuses est l'un des motifs indémodables du répertoire décoratif. Elle est — ou était — également réputée difficile à peindre, mais les instructions détaillées pour reproduire le ruban permettent à chacun, s'il a maîtrisé les techniques montrées dans les pages précédentes, de réaliser ce très joli motif.

1 LE NŒUD EST PEINT SELON LA MÊME TECHNIQUE DE CONTRASTES D'OMBRES ET DE LUMIÈRES EMPLOYÉE POUR LA BORDURE DE FEUILLES ET DE BAIES, MAIS ICI, LE COUP DE PINCEAU EST PLUS HÉSITANT, CAR APPLIQUÉ PAR PETITES TOUCHES SACCADÉES.

2 LA COULEUR B, LA NUANCE LA PLUS FONCÉE, EST APPLIQUÉE, SELON UN LARGE MOUVEMENT, EN SURIMPRESSION AU-DESSUS DE LA FORME TRACÉE EN 1. (DE COULEUR A) À L'AIDE DU PINCEAU LE PLUS ÉPAIS. VOUS DEVEZ AVOIR L'IMPRESSION QUE VOTRE PINCEAU SE DÉPLACE TOUT SEUL.

5 LE CHARME DE LA ROSETTE ACHEVÉE TIENT À SA FRAGILE DÉLICATESSE QUI EST TOUT SIMPLEMENT CRÉÉE PAR LE JEU DES TON DÉGRADÉS ET SURTOUT PAR UNE GRANDE FINESSE D'EXÉCUTION.

3 LA COULEUR C, D'UN TON BLEU-VERT TRÈS LÉGER, REMPLIT LES PARTIES DU RUBAN QUI IMITENT LA LUMIÈRE SE REFLÈTANT SUR UN TISSU BRILLANT COMME LA SOIE, LA MOIRE, OU LE SATIN.

4 UTILISEZ MAINTENANT LE MÊME TON PÂLE POUR ÉTOFFER LES AUTRES PARTIES DU RUBAN. CETTE TECHNIQUE, QUI PROCÈDE PAR ALLERS ET RETOURS SUCCESSIFS EST ABSOLUMENT NÉCESSAIRE : À CHAQUE ÉTAPE DE LA RÉALISATION DU MOTIF, IL FAUT TROUVER LE PROCÉDÉ ADAPTÉ.

1 SELON LES EMPLACEMENTS DONT VOUS DISPOSEZ, VOUS DEVEZ CRÉER DES NŒUDS DIFFÉRENTS. CE MOTIF AUX RUBANS TOMBANTS EST PARFAIT POUR ORNER UNE TÊTE DE LIT OU UN ENCADREMENT DE FENÊTRE OU DE CIEL DE LIT. IL SERT DE POINT CENTRAL POUR UNE ORNEMENTATION.

2 LE TON LE PLUS FONCÉ B. DONNE DE LA PROFONDEUR, DE L'EXPRESSION ET DU RELIEF AU RUBAN DE BASE, COLORÉ EN DEMI-TON.

3 LE NŒUD ACHEVÉ COMPORTE DES RUBANS EN PENDENTIFS, PEINTS AVEC LES COULEURS A ET B, POUR UNE LÉGÈRE MAIS VIVE PRÉSENCE.

1 CET EXQUIS MOTIF DE GUIRLANDES EST COMPOSÉ D'UNE SUCCESSION DE CLOCHETTES QUI SONT PEINTES AVEC LA COULEUR A, DÉJÀ EMPLOYÉE DANS LES MOTIFS PRÉCÉDENTS.

2 VOICI LE MOTIF ACHEVÉ, QUI EMPLOIE UNIQUEMENT LE DEMI-TON DE BASE, A. ESSAYEZ D'ÉQUILIBRER LES OMBRES ET LES LUMIÈRES SUR LES DEUX PARTIES DE LA GUIRLANDE.

3 UN TON PLUS FONCÉ, B EST UTILISÉ POUR INTENSIFIER ET ANIMER LE MOTIF EN OMBRANT CERTAINS ENDROITS.

4 SOULIGNEZ LE CÔTÉ AUX ZONES D'OMBRES EN UTILISANT LE DEMI-TON ÉCLAIRCI PAR DU BLANC CRÈME (C).

5 AJOUTEZ LES TOUCHES FINALES AVEC LES COULEURS B ET C, POUR RENFORCER TOUT LE MOTIF ET LUI DONNER DE LA VIVACITÉ.

6 LE MOTIF ACHEVÉ OFFRE UNE ÉLÉGANCE ET UNE DÉLICATESSE QUE CHACUN EST À MÊME D'APPRÉCIER.

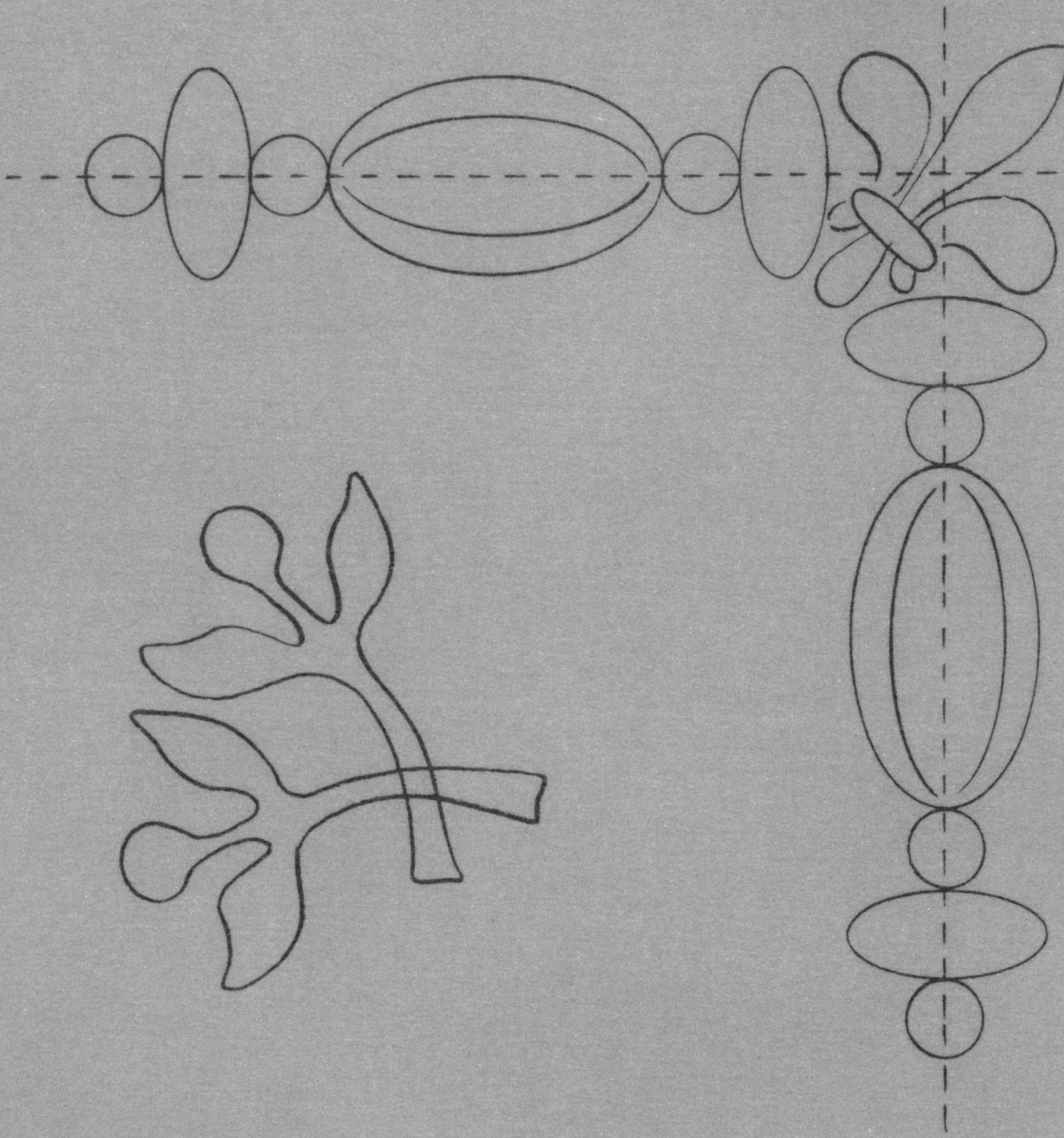

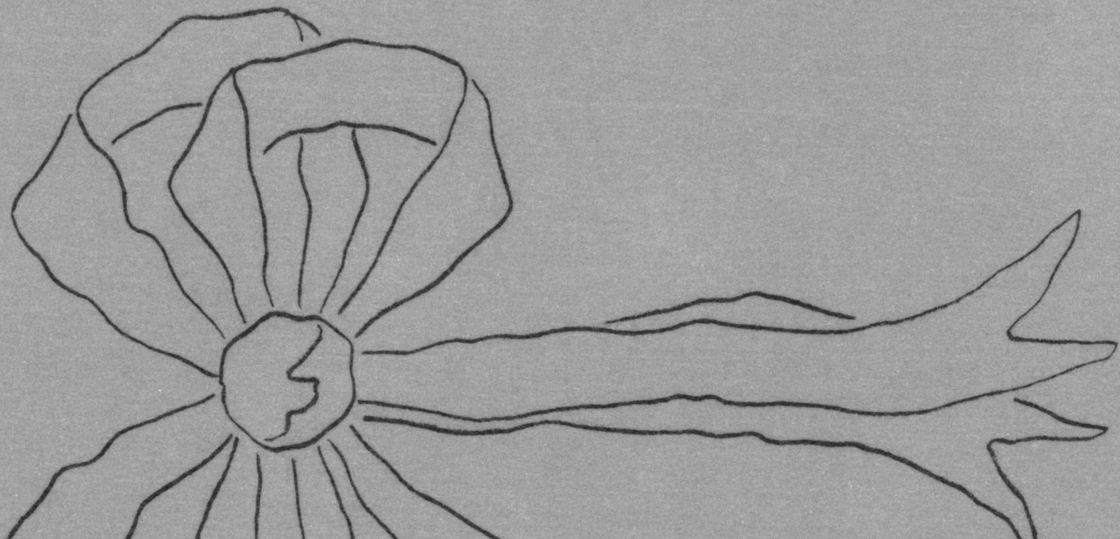

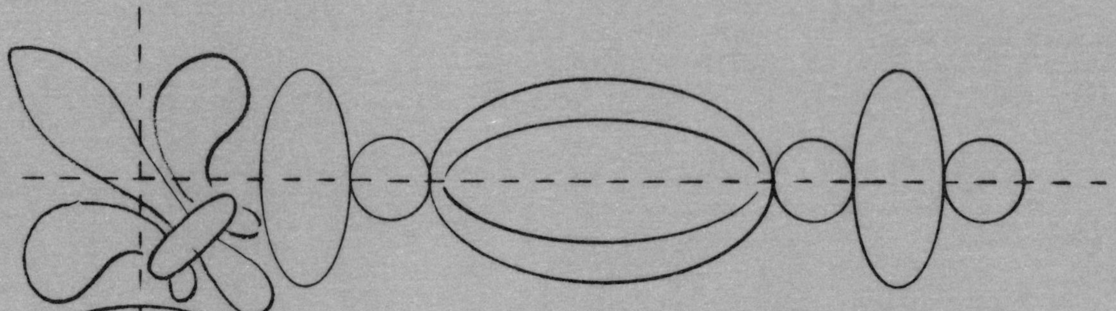

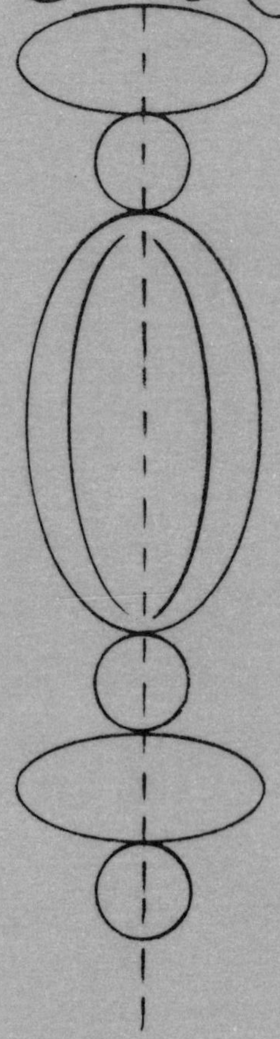

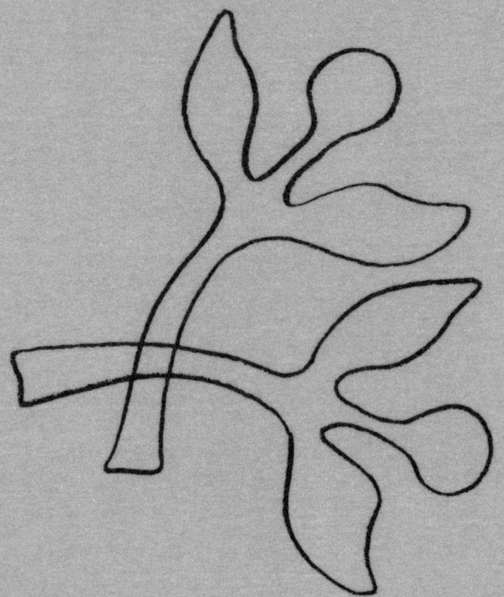

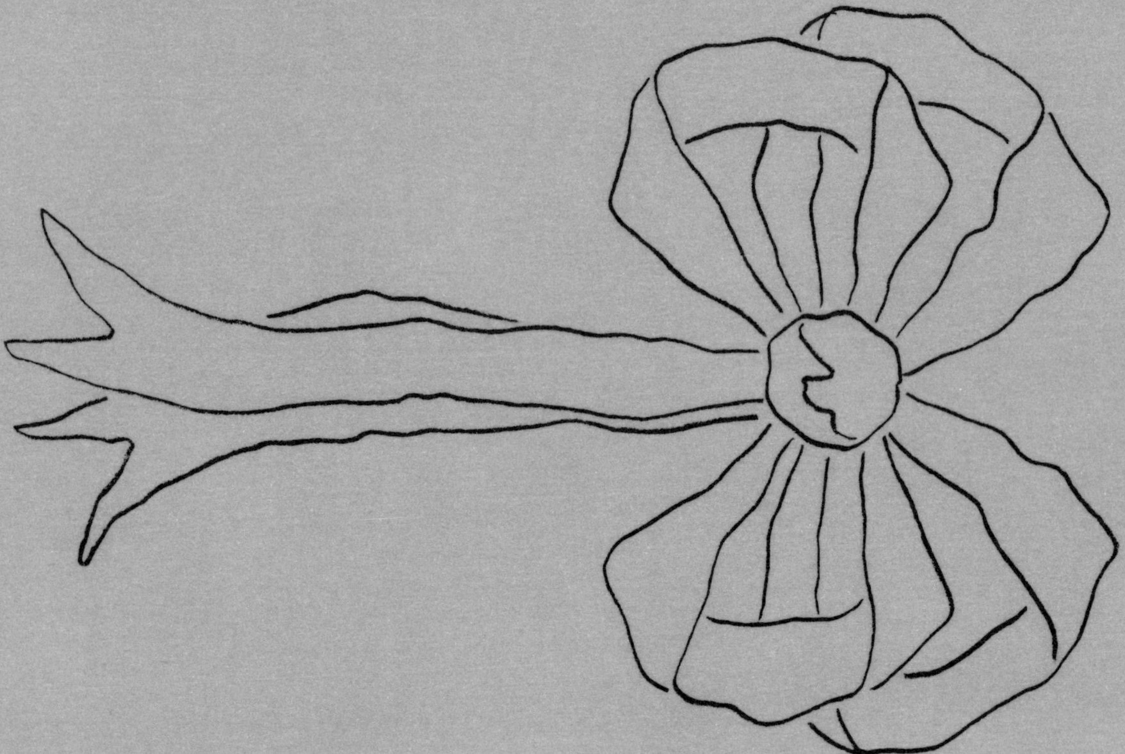

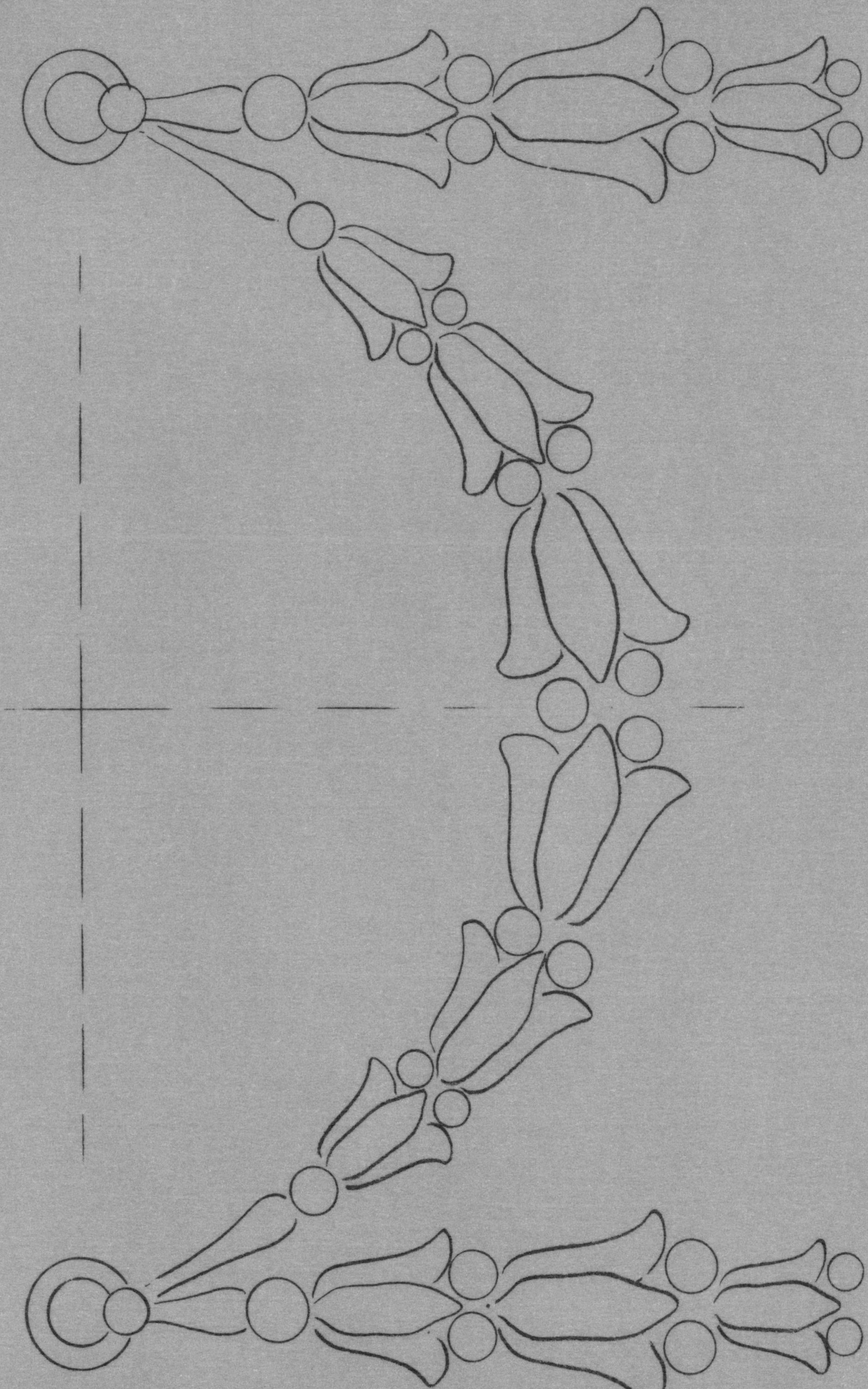

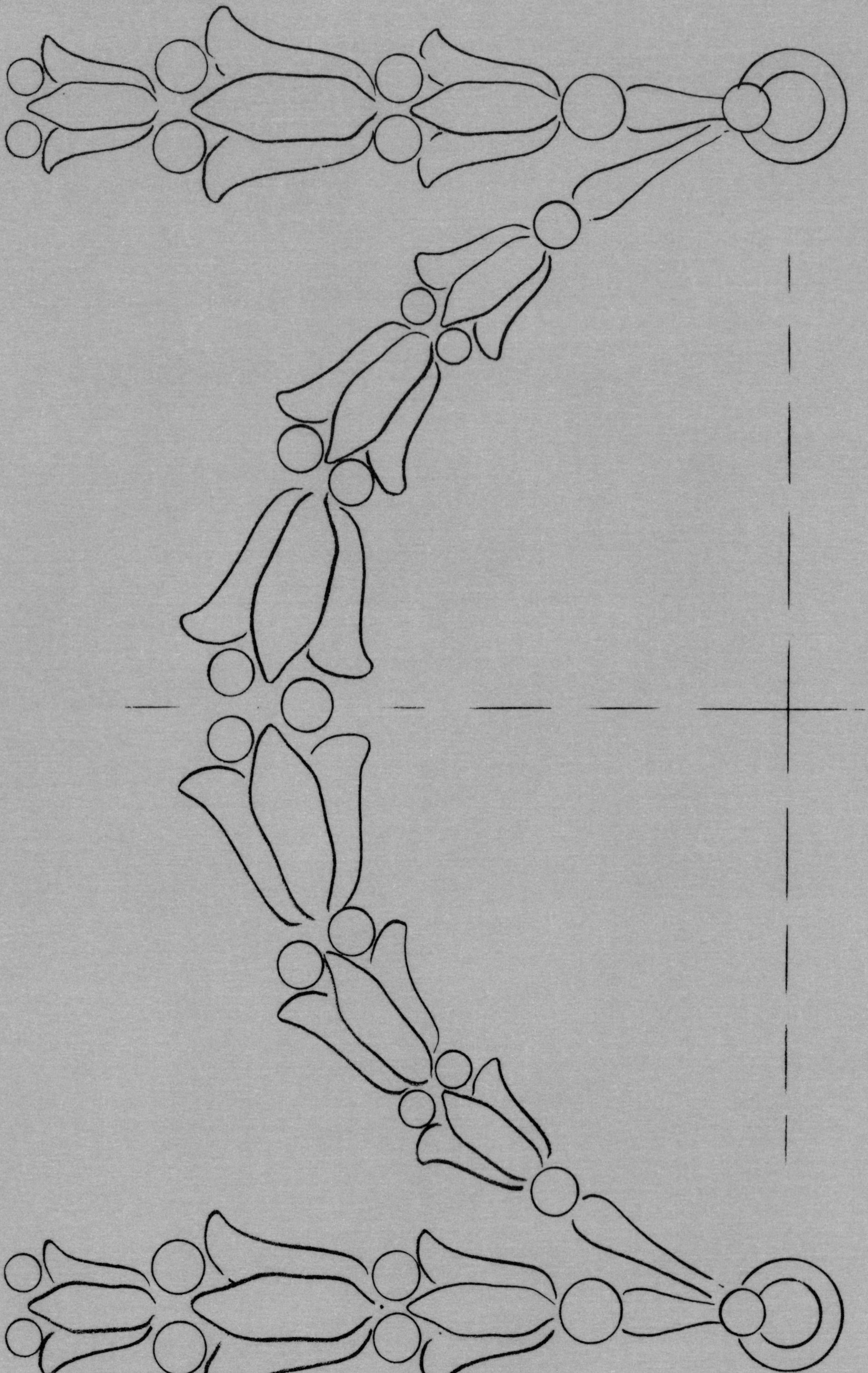

CETTE FEUILLE PROTÈGE LE PAPIER CARBONE BLEU UTILISÉ POUR REPRODUIRE LES MOTIFS SUR LA SURFACE QUE VOUS AVEZ CHOISIE.

OUVREZ DÉLICATEMENT LES AGRAFES À L'AIDE D'UN COUTEAU À BOUT ARRONDI POUR RETIRER LE PAPIER CARBONE ET LES MOTIFS À REPRODUIRE SANS ABIMER LE RESTE DU LIVRE.

BEAUCOUP DE GENS PENSENT QU'IL EST PLUS FACILE DE MANIPULER LE PAPIER CARBONE LORSQU'IL EST DÉCOUPÉ À LA TAILLE DU MOTIF À REPRODUIRE. SI VOUS PROCÉDEZ AINSI, FAITES EN SORTE DE GARDER UN MORCEAU DÉCOUPÉ SUFFISAMMENT LARGE POUR TRACER LE PLUS GRAND DES MOTIFS PROPOSÉS DANS CE LIVRE. LE PAPIER CARBONE EST RÉUTILISABLE, ET, EN LE DÉPLAÇANT AU FUR ET À MESURE DE VOTRE TRAVAIL, VOUS VOUS APERCEVREZ QUE LA SURFACE QUE NOUS VOUS PROPOSONS EST AMPLEMENT SUFFISANTE.
SI VOUS DÉBORDEZ DU CARBONE, OU SI VOUS LE PERDEZ, VOUS POURREZ EN ACHETER DANS LES MAGASINS DE FOURNITURES D'ARTS PLASTIQUES.

IL EST PRUDENT DE PHOTOCOPIER LES PATRONS, CE QUI ÉVITE LA CRAINTE DE PERDRE OU D'ABIMER LES ORIGINAUX. UNE PHOTOCOPIEUSE PERMET ÉGALEMENT D'AGRANDIR OU DE RÉDUIRE LES MOTIFS. VOUS POURREZ AINSI ADAPTER LA TAILLE DE VOS DESSINS À LA SURFACE DU MEUBLE QUE VOUS VOULEZ DÉCORER.

Le motif de la bordure utilisée pour garnir le tiroir du bas de ce buffet pourra être peint en un rouille chaud, (illustrations de droite) pour créer un effet légèrement différent, presque médiéval.

CE MOTIF DE NŒUDS ET RUBANS POURRA ÊTRE UTILISÉ POUR UNE DÉCORATION D'UN STYLE PLUS TRADITIONNEL.

RECETTE DES COULEURS:
(D) DEUX DOSES D'OCRE ROUGE POUR UNE DOSE DE TERRE DE SIENNE.

1 NOTEZ COMMENT CE MOTIF EN COIN EST EXACTEMENT ALIGNÉ DANS LE PROLONGEMENT DE LA BORDURE DÉJÀ TRACÉE.

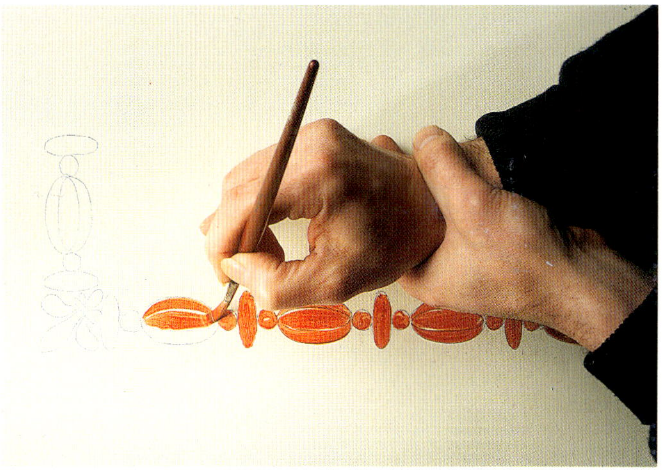

2 UTILISEZ UN PINCEAU MOYEN ET LA COULEUR D POUR PEINDRE L'INTÉRIEUR DES CYLINDRES EN NE DONNANT QUE TROIS COUPS DE PINCEAU À CHAQUE FOIS.
UTILISEZ JUSTE UNE PETITE GOUTTE DE PEINTURE, QUE VOUS ARRONDISSEZ BIEN, POUR PEINDRE LES PETITES BOULES QUI RELIENT LES CYLINDRES.

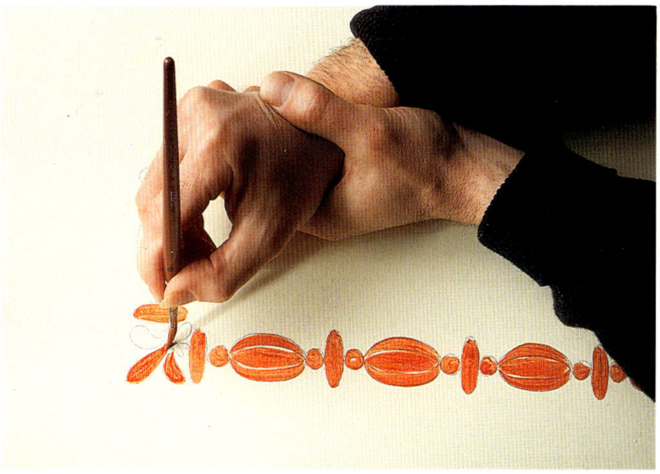

3 AVEC UN TON LÉGÈREMENT PLUS FONCÉ MAIS TOUJOURS DANS LA MÊME TEINTE (ON AJOUTE UN PEU PLUS DE GOUACHE À LA PEINTURE DILUÉE), ACCENTUEZ ET OMBREZ LES FORMES POUR LES ÉTOFFER ET LES METTRE EN VALEUR.

LES DÉTAILS DÉCORATIFS CRÉENT L'ATMOSPHÈRE

La touche finale, judicieusement exécutée, ajoute chaleur et caractère à la série de nœuds et de rubans.

Tout comme les autres meubles décorés, cette charmante table de chevet a été préparée avec une émulsion mate ivoire sur un apprêt de peinture acrylique. Ensuite, la décoration à l'aquarelle a été appliquée et fixée par un vernis en bombe aérosol, puis deux couches de vernis protecteur ont été passées sur tout le meuble. Chaque couche est diluée avec un peu de couleur pour ajouter une chaleur subtile et une patine à la palette des nuances. Le tout unifie harmonieusement des meubles dépareillés.

LES DÉTAILS DE CETTE BANQUETTE-COFFRE ORNÉE DE GUIRLANDES MONTRENT COMMENT LA PATINE ORIGINALE DE LA COUCHE DE PEINTURE IVOIRE A PRIS UNE TEINTE MORDORÉE APRÈS L'APPLICATION DU VERNIS LÉGÈREMENT TEINTÉ. UTILISEZ UN VERNIS MAT DE BONNE QUALITÉ OU DU POLYURÉTHANE DEMI-BRILLANT POUR OBTENIR UNE PROTECTION RÉSISTANTE. RAPPELEZ-VOUS QU'ILS SONT TOUS DEUX COMPOSÉS D'HUILE ET QUE LA TEINTURE DOIT ÊTRE FAITE AVEC UN PETITE TUBE DE COULEUR À L'HUILE POUR ARTISTES (OCRE ROUGE OU TERRE DE SIENNE) DILUÉE DANS UN PEU DE WHITE-SPIRIT. MÉLANGEZ LE TOUT DANS DU VERNIS DÉCANTÉ, REMUEZ BIEN, ET FAITES D'ABORD UN ESSAI SUR UN PETIT ESPACE PEU OU PAS VISIBLE DE VOTRE MEUBLE À DÉCORER.

Toute une série d'idées ingénieuses liées avec des nœuds et des rubans.

Quand vous aurez réalisé un ensemble décoratif aussi réussi que celui-ci, il sera très intéressant de trouver de nouvelles utilisations à ces motifs de base. La beauté de cette décoration traditionnelle provient de son aspect intemporel et indémodable. Les stylistes ont sans cesse travaillé à partir de ces mêmes motifs, pendant des siècles, et les idées données ici en montrent quelques exemples.

QUAND UN PLATEAU CESSE-T-IL D'ÊTRE UN PLATEAU ? LORSQU'ON ASSOCIE UN ÉCHIQUIER PEINT À UN PETIT MEUBLE DE RANGEMENT, ON TRANSFORME CELUI-CI EN PETITE TABLE DE JEU, AVEC UN ESPACE POUR RANGER LES PIÈCES ET AUTRES ACCESSOIRES. LA DISPOSITION DISCRÈTE DES RUBANS ET DES NŒUDS TRANSFORME UN MOBILIER UN PEU VIEILLOT EN UN ENSEMBLE TRÈS ÉLÉGANT QUI POURRA PRENDRE PLACE AISÉMENT DANS VOTRE INTÉRIEUR.

LA ROSETTE ET SES RUBANS, ORIGINELLEMENT UTILISÉS POUR DÉCORER LE PETIT PANNEAU VERTICAL D'UN BUREAU, RETROUVENT UNE NOUVELLE JEUNESSE LORSQU'ILS DESCENDENT LE LONG D'UN MUR, COMME LIEN VISUEL UNISSANT LES ASSIETTES BLEUES ET BLANCHES DE PORCELAINE DE CHINE. CETTE JOLIE IDÉE CRÉE BEAUCOUP PLUS D'EFFET LORSQU'ELLE EST PEINTE QUE LORSQU'ON LA RÉALISE AVEC UN VRAI RUBAN.

LES BANDES MURALES RAPPELLENT BIEN LE CARACTÈRE UN PEU COMPASSÉ DU XVIIIe SIÈCLE, MAIS ELLES ONT AUSSI UN CARACTÈRE MODERNE PAR L'UTILISATION D'ÉMULSION MATE, PEINTE DIRECTEMENT SUR LE PLÂTRE. UTILISEZ UN FIL À PLOMB ET DU RUBAN À MASQUER POUR VOUS GUIDER QUAND VOUS PEIGNEZ LE BORD VERTICAL DES BANDES, LE PLUS NETTEMENT POSSIBLE.

LA FRISE DE FEUILLES ET DE BAIES CONFÈRE À CE PLATEAU EN BOIS TRÈS ORDINAIRE UN NOUVEAU STYLE PIMPANT. REMARQUEZ COMMENT SONT DISPOSÉS LES MOTIFS SUR LA BORDURE : LES BAIES SONT SYMÉTRIQUES ET, DE PART ET D'AUTRE, LA DÉCORATION CHANGE DE SENS. POUR SOULIGNER L'ENSEMBLE AVEC NETTETÉ, LE FOND EST ENCADRÉ PAR UN TRAIT ASSEZ LARGE, AINSI QUE LE REBORD, DE LA MÊME TEINTE D'AQUARELLE TRANSPARENTE, APPLIQUÉE À MAIN LEVÉE AVEC UN PINCEAU POUR AQUARELLE. MAIS VOUS TROUVEREZ PEUT-ÊTRE PLUS FACILE DE PASSER LA COULEUR AVEC UN PINCEAU À POILS LONGS SPÉCIALEMENT DESTINÉ À SOULIGNER LES CONTOURS, OU EN VOUS AIDANT DE RUBAN À MASQUER POUR MIEUX TRACER LES LIGNES. MAIS, À PETITE ÉCHELLE, UN TRAIT EFFECTUÉ À MAIN LEVÉE AVEC UN LÉGER TREMBLEMENT PRODUIT TOUJOUS PLUS D'EFFET QUE CELUI RÉALISÉ À L'AIDE DE RUBAN À MASQUER.

Les longs hivers sombres ont appris aux Scandinaves à exploiter au mieux la lumière naturelle, en choisissant des couleurs pâles et en utilisant de la mousseline fine pour les rideaux. On emploie des couleurs et des contrastes plus rigoureux sur des meubles traditionnels, et on ajoute des fleurs, des bougeoirs et autres bibelots.

LA PHOTOCOPIEUSE PERMET D'ADAPTER LES MOTIFS À N'IMPORTE QUEL EMPLACEMENT, EN OFFRANT LA POSSIBILITÉ DE LES RÉDUIRE OU DE LES AGRANDIR À VOLONTÉ. ICI, PAR EXEMPLE, LE NŒUD A ÉTÉ SAVAMMENT DISPOSÉE POUR ENCADRER SYMÉTRIQUEMENT LE BOUTON DU TIROIR DU BAS.

LE MÊME NŒUD QUE SUR LE TIROIR DU HAUT, AGRANDI CETTE FOIS, TROUVE UN NOUVEL EMPLOI EN RELIANT TROIS GUIRLANDES DE FEUILLES ET DE BAIES. REMARQUEZ LES TROIS PETITES LANIÈRES PARTANT DU CŒUR DU NŒUD, PEINTES À MAIN LEVÉE, POUR ÉQUILIBRER LA COMPOSITION. C'EST BIEN SOUVENT UN PETIT DÉTAIL QUI CRÉE UNE COMPOSITION ORIGINALE À PARTIR DE MOTIFS MAINTES FOIS UTILISÉS.

LES GUIRLANDES ÉTAIENT SOUVENT EMPLOYÉES POUR DÉCORER LE REBORD D'UNE NAPPE. CE SONT DES MOTIFS PARFAITS POUR SOULIGNER DES COURBES, MÊME QUAND CELLES-CI SONT INTERROMPUES PAR DES ANGLES, COMME SUR CETTE BANQUETTE-COFFRE ORIGINALE. IL EST TRÈS IMPORTANT DE CENTRER LA PREMIÈRE GUIRLANDE AU MILIEU DU PANNEAU FRONTAL, CELLE-CI ÉTANT LE POINT DE DÉPART DE TOUTE LA DÉCORATION QUI SERA RIGOUREUSEMENT SYMÉTRIQUE.